# Magnetisierungsmethoden zur Empfängnisverhütung

Margaret Sänger

Writat

Cette édition parue en 2023

ISBN : 9789359255613

Publié par
Writat
email : info@writat.com

# Inhalt

# EINFÜHRUNG.

In den vorherigen Broschüren „Englische Methoden zur Geburtenkontrolle" und „Niederländische Methoden zur Geburtenkontrolle" findet man eine Vervielfältigung der Methoden, die in der ersten Broschüre „Familienbeschränkung" beschrieben wurden. Die französischen Methoden der Geburtenkontrolle sind so nahezu identisch, dass ich beschlossen habe, sie nicht noch einmal zu wiederholen, sondern stattdessen eine Liste der von der Französischen Liga herausgegebenen Bücher und Broschüren sowie Ausschnitte oder Bilder einiger ihrer Artikel zu geben zum Verkauf in ihrem Hauptsitz, 27 Rue de la Duée , Paris. Diese finden Sie am Ende dieser Broschüre.

Ich finde auch, dass die Methoden zur Geburtenkontrolle in Deutschland, Italien, Spanien, Belgien, Norwegen, Schweden, Indien, Russland und Japan stark vom englischen und niederländischen Neo-Malthusian-Bund (den beiden ältesten Ligen) beeinflusst wurden. Weitere nationale Methoden anzugeben wäre nur eine Verschwendung von Zeit und Material und würde nichts zu dem hinzufügen, was bereits gegeben wurde. Dies bedeutet nicht, dass es nicht viele andere mechanische Geräte gibt. Es gibt zahlreiche; Aber ich finde immer noch, dass es nichts Besseres, Sichereres, Billigeres oder Bequemeres gibt als das in „Familienbeschränkung" erwähnte Pessar.

In Frankreich, Deutschland, Spanien, Italien, Belgien und Schweden gibt es starke neomalthusianische Bewegungen, die die Theorien zur Geburtenkontrolle durch Vorträge, Literatur und praktische Mittel vorantreiben. In Russland, Japan, Indien und den Vereinigten Staaten gab es in letzter Zeit schwache Versuche, Bewegungen zur Geburtenkontrolle zu etablieren; aber bis jetzt sind sie embryonal geblieben.

Ich habe beschlossen, diese Reihe von Broschüren mit der folgenden Erläuterung der Magnetisierungsmethode zu schließen , und bin der Meinung, dass ich alles gesagt habe, was ich Interessantes über Verhütungsmethoden sagen kann. Ich habe gerne meinen Teil für das gespendet, was ich für wesentlich für die wirtschaftliche, soziale und sexuelle Freiheit der Frau halte.

# Magnetisierungsmethode zur Empfängnisverhütung.

Bevor ich diese Reihe von Broschüren über die praktischen Methoden der Geburtenkontrolle abschließe, möchte ich den vielen Lesern und Abonnenten des *Woman Rebel gerecht werden* , die sich nach den Theorien der Magnetisierung , der männlichen Kontinenz, der sedulären Absorption, der Karezza und der Zugassent- Entdeckung erkundigt haben Die Serie wäre unvollständig, wenn sie nicht zumindest einen allgemeinen Überblick über diese Theorien und ihre Praxis geben würde.

Es ist interessant festzustellen, dass die Magnetisierungstheorie ihre beste und längste Praxis sowie ihren Ursprung in Amerika unter dem Titel „Männliche Kontinenz" hatte. Diese Methode wurde über vierzig Jahre lang von einer Gruppe bestehend aus durchschnittlich 130 Männern und 150 Frauen, der sogenannten Oneida-Gemeinschaft, praktiziert . Sie besetzten einen Teil des alten Reservats der Oneida-Indianer im Staat New York und lebten in einer harmonischen und wohlhabenden Form der kommunistischen Gesellschaft. John Humphrey Noyes war der Kopf und Gründer der Gruppe. Durch persönliche Erfahrung und ausgedehntes Studium entdeckte er die Theorie der männlichen Kontinenz. Seitdem haben viele andere die *gleiche Theorie* unter verschiedenen Namen aufgestellt . Fast ausnahmslos hat jeder Befürworter irgendeine Art von Religion hineingebracht. Die Oneida-Gemeinschaft war insbesondere eine religiöse Sekte, und Alice B. Stockham , die Autorin von Karezza, war eine glühende Religiöse. Abgesehen davon gibt es jedoch grundlegende Wahrheiten in der Theorie, über die man nachdenken sollte und die nicht ohne Überlegung verworfen werden sollten. Angesichts der Tausenden von Erfahrungsberichten über die heilsamen Ergebnisse der Anwendung dieser Theorien stelle ich diese Methoden wie die anderen vor und werde sie der Einfachheit halber alle unter einer Überschrift klassifizieren: „Magnetisierung " .

Es gibt Tausende von Männern und Frauen, die sich gegen die praktischen und mechanischen Mittel der Empfängnisverhütung aussprechen, die das Gefühl haben, dass Pessar, Kondom und Dusche eklig und schmutzig sind und dem Akt die künstlerische und spirituelle Schönheit nehmen. Für diejenigen wird die Magnetisierungsmethode am meisten interessant sein. Es gibt andere, die behaupten, dass diese Methode „nicht befriedigend" sei und dass ihre Ausübung keinen Spaß machen könne. Aber es gibt auch Tausende von Männern und Frauen, die an einem schönen Gemälde vorbeigehen und sich dadurch nicht inspirieren lassen oder einer bezaubernden Auswahl auf einem Musikinstrument lauschen und dabei keine Emotionen empfinden. Ebenso gibt es viele, deren Natur nicht so konstruiert ist, dass sie diese Methode genießen oder daraus Nutzen ziehen können. Es besteht kein

Zweifel daran, dass der Erfolg dieser Methode von einer guten spirituellen Bindung zwischen den beiden abhängt, die Freude an der Anwendung haben.

- 3 -

# DIE THEORIE.

Die Befürworter der Magnetisierungsmethode bitten Sie, zunächst den Geschlechtsverkehr zu analysieren . Sie behaupten, dass man darin zwei unterschiedliche Handlungen erkennen wird, *nämlich* den sozialen (oder amativen) und den propagativen. Diejenigen, die die Magnetisierungsmethode praktizieren , begnügen sich mit dem sozialen Akt und bevorzugen ihn, es sei denn, der Fortpflanzungsakt ist erwünscht. Gewöhnlich wird davon ausgegangen, dass die Sexualorgane *zwei* unterschiedliche Funktionen haben, nämlich die Harnfunktion und die Fortpflanzung. Die Befürworter der Magnetisierungstheorie behaupten, dass die Sexualorgane *drei* verschiedene Funktionen haben, nämlich Harn-, Fortpflanzungs- und Liebesorgane – *das heißt* , sie sind erstens Leiter des Urins, zweitens des Samens und drittens des sozialen Magnetismus. Jedes für sich getrennt und unterschiedlich.

Die Fortpflanzungsorgane unterscheiden sich physiologisch von den Vereinigungsorganen beider Geschlechter. Die Hoden sind die wichtigsten Fortpflanzungsorgane beim Mann und die Gebärmutter bei der Frau. Bei der sexuellen Verbindung von Mann und Frau kommt es nicht mehr zur Ausscheidung von Samen als von Urin. Die Samenabgabe ist nicht der Hauptakt des Geschlechtsverkehrs, sondern dessen Fortsetzung und Abschluss. Sexueller Verkehr ist schlicht und einfach die Verbindung der Vereinigungsorgane und der Austausch und Fluss magnetischer Einflüsse durch diese Verbindung. Der Samenausfluss kann beim Geschlechtsverkehr freiwillig zurückgehalten werden, oder er kann ohne Geschlechtsverkehr erzeugt werden, wie bei der Masturbation, was die Tatsache zeigt, dass der Samenausfluss und die damit verbundene Lust nicht sozial sind, da dies möglich ist in Einsamkeit produziert werden: Es ist ein persönlicher und kein sozialer Akt.

Die physiologische Analyse des Fortpflanzungsakts zeigt, dass die Lust am Akt nicht durch Kontakt und Lebensaustausch mit dem Weibchen entsteht, sondern durch die Wirkung der Samenflüssigkeit auf die inneren Nerven des männlichen Organs. Das Verlangen und das, was es befriedigt, liegen beide im Mann und können ohne Geschlechtsverkehr erreicht werden. Die Liebesfunktion oder die einfache Vereinigung zweier Personen ist eine eigenständige und unabhängige Funktion, die ein Medium des magnetischen Austauschs darstellt, das dem durch die Fortpflanzungsfunktion erreichten überlegen ist. Es ist die Anwesenheit des Samens und nicht seine Abwesenheit, die den Stier dem Ochsen überlegen macht, und es ist die Stimulierung, Zurückhaltung und Aufnahme des Samens im Mann und seine Lenkung in andere schöpferische Kanäle, die das Amative ausmachen Akt von größerem Nutzen und gesünder und vitalisierender als der Fortpflanzungsakt.

Die meisten von uns wissen, dass die durch die sexuelle Natur ausgedrückte kreative Energie ein Instinkt zur Aufrechterhaltung des Lebens ist; dass es seinen Ursprung im Leben selbst hat und mit ihm koexistiert; dass es die Kraft hinter allen Absichten und Plänen ist; dass es die selbstdrängende Kraft ist, die dem Einzelnen die Fähigkeit und den Wunsch verleiht, etwas zu tun und zu leisten; dass es der treibende Faktor und das erfinderische Genie in der gesamten menschlichen Handarbeit ist. Dass diese Kraft bei der Vermehrung von Atomen und Molekülen wirkt, bei der Anziehung von Keimen zu Samenzellen. Der Prozess des Wachstums und der Erfüllung von Funktionen wird durch diese Energie vorangetrieben, die in der gesamten Natur wirksam ist. Es ist die Kraft hinter dem physischen Leben von Mensch und Tier und drückt sich darin aus.

Atome, Zellen und Pflanzen sind sich dieser Kraft nicht bewusst, und Tiere sind sich ihrer nur in geringem Maße bewusst. Aber der Mensch ist sich dieser Energie bewusst und ist in bemerkenswertem Maße in der Lage, ein größeres Bewusstsein für sie und ihre Wirkungsweise und Nutzung zu entwickeln. So wie der Ingenieur den Motor beherrscht, indem er seine Konstruktion und die Kraft, die ihn antreibt, kennt, so kann der Mensch diese schöpferische Energie beherrschen und sie dorthin lenken, wo er will. Das kreative Leben kann neben der Elternschaft auch auf andere Weise zum Ausdruck kommen.

Emerson sagt: „Verarbeiten Sie Ihre Leidenschaft in Poesie." Leidenschaft ist das Zeichen schöpferischer Kraft; es ist die Stimme des kreativen Lebens. Wenn es verstanden und seine Kräfte erkannt würden , würde es erhöht und verehrt werden, statt erniedrigt und entwertet, wie es die Comstocks von uns verlangen würden. Wenn schöpferische Energie verstanden und angewendet wird, werden Männer und Frauen an Charakterstärke und Liebe gewinnen und diese Kräfte auf natürliche Weise den Interessen und der Entwicklung der Menschheit widmen.

# DIE PRAXIS.

Jede dieser Theorien beinhaltet eine sesshafte Absorption durch Geschlechtsverkehr ohne Höhepunkt. Es ist keine Entladung erlaubt, sondern sie wird durch eine übergeordnete Kontrolle aufrechterhalten, wodurch der Akt zu einem amativen (Liebes-)Akt wird und ihn von einer erschöpfenden, abrupten befruchtenden Funktion zu einem ruhigen magnetischen Zauber erhebt, der Gesundheit und mehr Glück hervorbringt.

Der Geschlechtsverkehr hat einen Anfang, eine Mitte und ein Ende. Sein Anfang oder erstes Stadium ist einfach das Vorhandensein des männlichen Organs beim Weibchen. Die mittlere oder zweite Stufe besteht aus einer Reihe von Hin- und Herbewegungen. Das Ende oder dritte Stadium ist die Ejakulationskrise oder die Beendigung des Aktes. Die Befürworter der männlichen Kontinenz, der Entdeckung von Zugassent , der sedulären Absorption und der Magnetisierung behaupten, dass der gesamte Prozess bis zur dritten Stufe völlig freiwillig sei und jederzeit gestoppt werden könne. Es wird mit einem Bach in den drei Zuständen eines Sturzes, einer Stromschnellenreihe über dem Wasserfall und stillem Wasser über den Stromschnellen verglichen. Der Bootsführer kann entscheiden, ob er im stillen Wasser bleibt, die Stromschnellen hinunterfährt oder mit seinem Boot über den Wasserfall fährt. Sie behaupten, dass ihm die Erfahrung die Weisheit lehren wird, dort zu bleiben, wo das Rudern einfach ist, es sei denn, das Objekt ist es wert, über den Wasserfall zu gehen. Karezza rät, sich in der ersten Phase mit einfacher Präsenz zu begnügen, bis der magnetische Nervenkitzel nachlässt. Sie sind alle ähnlich und zielen alle auf das gleiche Ergebnis ab. Ich bezeichne sie unter einer Methode : „ Magnetisierung ".

Diejenigen, die es praktizieren , versprechen höchsten Genuss ohne Verlust der Vitalität und eine perfekte Kontrolle der befruchtenden Kraft. Seine Praxis beinhaltet in hohem Maße die Kunst der Liebe durch einen längeren Geschlechtsverkehr, der das verhindert, was dem Geschlechtsverkehr ein Ende setzt – die Ejakulation. Die Samenflüssigkeit, so wird behauptet, habe einen immensen immanenten Wert; und wenn es im Körper verbleibt, magnetisiert und vom Blut wieder absorbiert wird, trägt es enorm zur mentalen und magnetischen Kraft eines Mannes bei, die durch den gewöhnlichen sexuellen Akt ständig verbraucht wird. Es besteht kein Zweifel, dass es für einige Männer schwierig sein wird, es in die Praxis umzusetzen; Aber es kann nicht schwieriger sein oder eine größere Kontrollkraft erfordern als die, die vom Mann im Akt des „Coitus interruptus" (Rückzug) verlangt wird. Diejenigen, die üben Magnetisierung behaupten, sie sei weit davon entfernt, „Askese abzuwehren"; dass es den Zuneigungen reichlich Bewegung verschafft und Gelegenheit zum Austausch sexueller Anziehungskraft bietet; Der größte Vorteil besteht jedoch darin, dass seine Praxis zu einer höheren Liebesentwicklung beiträgt. Es ist die Erlangung dieser Kontrolle, die die sexuelle Leidenschaft bei Mann und Frau an die Seite von Musik und Poesie hebt, die ihr gebührt.

Der stärkste Einwand, der gegen seine Praxis vorgebracht wird, ist, dass es „unnatürlich" sei; dass es durch die Beispiele anderer Lebewesen des Tierreichs nicht bestätigt wird und daher falsch sein muss. Aber die Antwort lautet: Kochen, Kleidung tragen und alles moderne Leben sind weit von einem natürlichen Leben entfernt; und wenn wir uns eng an die Natur halten würden, würden wir auf allen Vieren gehen und stumm bleiben.

Wenn wir erkennen, dass wir in einer Zeit leben, in der fast alle Bereiche des Lebens durch die jüngsten Entdeckungen von Dampf, Elektrizität, Telefon, Telegrafie, Mikroskop und anderen Mitteln der Aufklärung stark verändert und weiterentwickelt wurden, ist es nicht überraschend, dass dies der Fall ist Gab es im lebenswichtigen Bereich der Geschlechtsbeziehungen fast keine Entdeckung oder Verbesserung? Der Entdecker, der Pionier, der Entdecker kann seinen Weg in jeden Bereich des Lebens verfolgen und zurückkehren, um seine Reichtümer der Wissenschaft, der Kunst oder der Erfindung zu Füßen zu legen; Aber wehe dem, der es wagt, dieses schattige Tal des Sex zu erkunden. Egal wie rein das Motiv ist oder welche Qualen und welches Elend man lindern wollte, Kerker, Verfolgungen, Verleumdungen und Gefängnisse erwarten den, der es wagt, Schätze aus seinen verborgenen Tiefen zu holen. Dennoch gibt es keinen anderen Lebensbereich, der so viel Unterricht und Bildung benötigt wie der Sexualbereich.

Eine gesunde sexuelle Stimulation wirkt sich sowohl auf Männer als auch auf Frauen positiv aus, insbesondere wenn die geliebte Person zugänglich ist und eine gewisse Demonstration sexueller Gefühle erlaubt ist, wie etwa durch die zurückhaltenden, aber innigen Liebkosungen eines Verlobten. Hier erleben wir oft nicht nur die glücklichste, sondern auch die produktivste und gesündeste Zeit im Leben eines Mannes. Es wird gesagt, dass dies insbesondere für die intellektuellen Aktivitäten des Menschen gilt.

Ein Jahr später erleben wir, dass die Zuneigung dieses glücklichen Paares stark abnimmt. Frauen haben dies so oft erlebt, dass sie beginnen, die sexuelle Beziehung zu hassen und den Akt entweder mit Angst vor einer Schwangerschaft oder mit unüberwindbarem Abscheu betrachten. Natürlich ist ein großer Teil dieser Abneigung, die Frauen empfinden, das Ergebnis ihrer früheren Ausbildung. Dem Mädchen wird vor der Heirat beigebracht, dass die Tat eine höchst erniedrigende Sache ist, und es wird ihm gesagt, dass es die Erfüllung dieser einen Sache ist, für die der Mann sie vor der Heirat begehrt. Danach soll alles geändert werden. Sobald die Heiratsurkunde in ihren Händen liegt, wird von ihr eine völlig neue Philosophie erwartet. Der durchschnittliche junge Mann weiß wenig über die Kunst der Liebe und ist daher nicht in der Lage, seine Beziehungen zu verschönern oder ihr eine neue Psychologie beizubringen. Das erste Jahr verbringt sie in heimlichem Elend ihrerseits und in Brüchen und Missverständnissen zwischen den beiden. Die durchschnittliche Frau wird Ihnen sagen, dass sie es liebt, gestreichelt zu werden und ihre Zuneigung zu ihrem Mann auszudrücken, aber auch ohne Geschlechtsverkehr durchaus zufrieden sein könnte. Dies trifft insbesondere auf die intellektuelle Frau zu, die anerkennt, dass ihr Interesse an der sexuellen Beziehung nachlässt, und sogar eine zärtliche Demonstration ablehnt, weil sie befürchtet, dass sie im Geschlechtsverkehr enden muss (hauptsächlich aus Angst vor einer Schwangerschaft).

Sicherlich ist dies etwas, mit dem sich jeder intelligente Mann und jede intelligente Frau klar auseinandersetzen muss und das ernst genug ist, um unser unermüdliches Interesse zu verdienen. Irgendetwas muss falsch sein. Was ist es? Bietet diese Theorie für irgendetwas eine Lösung? Es kann. Fast alle Frauen, die es praktizieren , bezeugen seine Vorteile, während sich nur wenige Männer darüber beschweren. Diejenigen, die dies tun, sagen, dass die Kontrolle der Ejakulation heute einen Samenverlust später im Schlaf bedeutet. Die Befürworter sagen jedoch, dass dies zunächst der Fall sein wird, aber nachdem sich die Organe an ihre neue Funktion gewöhnt haben, wird dies nachlassen und es wird kein Samenverlust auftreten.

Alle Männer in der Oneida-Gemeinschaft erkannten , dass diese Kontrolle eine notwendige Errungenschaft war, wenn sie von den Frauen in der Gruppe mit Wohlwollen betrachtet werden wollten. Es war für ihr gegenseitiges Glück notwendig, dies zu erreichen, und sie mussten es lernen. Wenn es eine Methode gibt, die in der Praxis die höchste gegenseitige Zuneigung zum Ausdruck bringt und die eigene Stärke und Kraft offenbart, dann lasst es die Menschheit auf jeden Fall wissen.

Es gibt keinen irdischen Grund, warum Männer und Frauen die Gesetze des Geschlechtsausdrucks nicht wie jede andere Wissenschaft studieren sollten, und es sollte nicht nur ein intellektuelles Studium, sondern auch ein Studium der Erfahrung und Anpassung sein. Wenn die Erfahrung dieser Methode, wie behauptet wird, auf einer höheren Gedankenebene als der rein physischen Ebene praktiziert werden muss, dann muss sie sicherlich zu einer besseren Kameradschaft und einem besseren Verständnis zwischen Männern und Frauen führen als die derzeit vorherrschende flüchtige körperliche Befriedigung . Wenn es etwas gibt, das die traditionelle Unreinheit, die früher mit der Geschlechtsbeziehung verbunden war, widerlegt, wenn es etwas gibt, das eine Verschmelzung von Körper und Geist oder eine Veredelung des Charakters des Einzelnen bewirkt, dann lassen Sie es uns auf jeden Fall in allen Einzelheiten betrachten , und lasst diese abscheuliche Ignoranz und Prüderie, die so lange über den Geist von Männern und Frauen herrschte, für alle Zeiten verschwinden. Lasst uns durch Diskussion, Erfahrung und Anpassung Licht schaffen.

Es gibt nur wenige Männer, die den Gegenstand ihrer Zuneigung schneller der Last aussetzen möchten, Kinder zu gebären, als es ihre Gesundheit zulässt. Sie erkennen, dass die Stärke einer Frau stark geschwächt ist und ihre Schönheit und Anmut schnell nachlässt; aber Ignoranz und Tradition haben ihn im Griff. Er weiß nichts über die Mittel, dies zu verhindern, und lässt zu, dass die Person, die er am meisten liebt, vor seinen Augen verkümmert und verblasst.

Es ist besonders wichtig, dass die Frau von der seelischen Angst vor einer Schwangerschaft befreit wird. Es gibt nichts, was nervöse Störungen so sehr hervorruft oder die sexuelle Anziehung oder Magnetisierung so wahrscheinlich verringert wie Angst und ängstliche Gedanken. Für die Perfektion und die gewünschten Ergebnisse dieser Methoden ist vollkommenes Vertrauen in die Fähigkeit des Mannes, sich selbst zu kontrollieren, von wesentlicher Bedeutung. So wie man beginnt, kann man sich auch weiterentwickeln. Junge Männer und Frauen, die kurz davor stehen, Allianzen einzugehen und eine dauerhafte Zuneigung und eine stärkere Bindung untereinander aufbauen möchten, können diese Methode leicht in die Praxis umsetzen und die Sexualfunktionen kontrollieren. Je magnetischer das Individuum ist, desto größer ist die sexuelle Anziehung zwischen den Liebenden und desto stärker wird die Bindung zwischen ihnen durch diese „ Magnetisierungsmethode ".

Die Ausprägung und Umsetzung aller Theorien ist so weitgehend persönlich, dass kaum besondere Regelungen getroffen werden können. Der Weg zur Wissenschaft und zu den großen Naturgesetzen wird durch Erfahrung entdeckt: Es gibt keine Bildung außer der Erfahrung.

# Geprüfte Theorien und praktische Wahrheiten.



**VON DENEN, DIE DIESE METHODE PRAKTIZIERT HABEN .**

Ich bin ein junger Mann von vierundzwanzig Jahren und erfreue mich bester Gesundheit. Zwei Jahre nach meiner Verlobung habe ich die Heirat hinausgezögert, einfach weil ich der Meinung war, dass mein Einkommen nicht ausreichte, um eine Frau und die Kinder zu ernähren, was ich als unvermeidliche Konsequenz ansah. Zu meinem Glück schrieb mir ein Freund, der meine Umstände kannte, über männliche Kontinenz. Die in dieser Entdeckung enthaltenen Ideen unterschieden sich so sehr von all meinen vorgefassten Vorstellungen darüber, was Eheglück ausmacht, dass ich geneigt war, sie als völlig undurchführbar und absurd abzulehnen. Doch je mehr ich darüber nachdachte, desto deutlicher wurde mir klar, dass diese neuen Ideen, wenn überhaupt eine Möglichkeit bestand, dass sie wahr waren, genau auf einen Mann in meinen Umständen zugeschnitten waren und dass sie meine Ehe sofort durchführbar machten.

Der völlig neue Gedanke, dass die Erhaltung des lebenswichtigen Samensekrets im Körper, anstatt es rücksichtslos zu verschwenden, einen Menschen stärker, sauberer und besser machen könnte, erschien mir ebenfalls nicht irrational. Mit einigen Bedenken wagte ich daher die Heirat; und dank dieser Praxis hat es sich als voller Erfolg erwiesen. Ich habe vier Jahre lang ununterbrochene Flitterwochen verbracht und darüber hinaus täglich die unschätzbaren Dienste meiner Frau in meinem Geschäft in Anspruch genommen, und war mir nie einer lästigen Einschränkung oder Askese in meiner sexuellen Erfahrung und meiner Selbstbeherrschung und Stärke bewusst, geistig und körperlich, haben seit meiner Heirat stark zugenommen. Aufgrund meiner eigenen Erfahrung halte ich die Idee, dass die Samenflüssigkeit ein Sekret ist, das beseitigt werden muss, für die schädlichste und tödlichste Idee, die man jungen Menschen beibringen kann.

FG

# VON EINEM MANN VON SIEBZIG JAHREN.

Ich bin siebzig Jahre alt, und dank der männlichen Kontinenz ist mein Gesundheitszustand gut und ich bin sexuell so aktiv wie nie zuvor. Ich bedaure nur, dass ich nicht früher darüber informiert wurde. Es ist nicht nur eine hervorragende Hygienemaßnahme, sondern auch ein Vergnügensförderer und der größte Harmonisierer des häuslichen Lebens, den ich kenne. Ich bin der festen Überzeugung, dass es dort, wo diese Praxis praktiziert wird, niemals zu Streit und Streit, Trennung und Scheidung kommen wird, es sei denn, dass Fortpflanzung erwünscht ist. Es scheint mir, dass niemand, der eine Besserung anstrebt, nach der Erfahrung mit dieser Praxis jemals den Wunsch hätte, zu der groben sinnlichen Praxis zurückzukehren, die Sättigung, Erschöpfung, Ekel und Reue nach sich zieht.

Die Verschwendung von Lebens- und Nervenkraft, die mit dem üblichen Geschlechtsverkehr einhergeht, ist meiner Meinung nach eine der Hauptursachen für das Verlangen nach Alkohol und Tabak. während in dieser neuen Praxis beide Parteien, sofern Magnetismus vorhanden ist, eine Erneuerung der Lebenskraft erfahren, die im höchsten Maße heilsam ist. Wenn junge Männer sich an diese Praxis halten würden, würden sie feststellen, dass ihre Selbstbeherrschung in allen Lebensbereichen enorm gestärkt würde und dass sie die Kraft und Freude an ihrer sexuellen Natur behalten würden, lange nachdem die meisten Männer impotent geworden sind.

WSF

Theorie kennengelernt hat, hat er sich bei mir hundertfach beliebt gemacht; Und obwohl unsere sogenannte „Flitterwochen" schon vor fünf Jahren vergangen sind, war sie nicht realer und weitaus weniger nachhaltig als das ekstatische, unaussprechliche Glück, das ich jetzt ständig empfinde. Mein prosaischer und manchmal gleichgültiger Ehemann hat sich durch himmlische Magie in einen leidenschaftlichen und hinreißenden Liebhaber verwandelt, dessen Kommen ich mit all der zärtlichen Verzückung eines Schulmädchens erwarte. Schon sein Schritt versetzt mich in Aufruhr, denn ich weiß, dass mein Geliebter mich in seine Arme schließen und mich mit Küssen bedecken wird, wie sie nur der enthusiastischste Liebhaber geben kann. Und obwohl die Jahre vergehen, kann ich keine Veränderung in der Art und Weise sehen oder spüren, wie er mich wertschätzt. Füreinander sind wir ständig Gegenstand tiefster Ehrfurcht und des heiligsten Geheimnisses. Unsere Zuneigung vertieft sich, unsere Romanze scheint so sicher und dauerhaft wie die Sterne. Ich datiere meine Ehe auf die Zeit, als er Schüler von Zugassent wurde , denn das war der Beginn unseres sicheren Glücks.

Aber nicht nur als liebevoller Liebhaber ist mein Mann zur Krone meines Glücks geworden. Sein Charakter, sein Ziel und seine Stärke sind deutlich edler geworden; so dass ich neben einem Liebhaber einen starken Freund, einen weisen Ratgeber habe und mein Glück vollkommen ist.

LST

## EIN EHEMANN SEIT FÜNFZEHN JAHREN.

Es macht mir Freude, die wohltuende Wirkung dieser Methode zu bezeugen, denn ich bin zutiefst davon überzeugt, dass in der Naturwissenschaft noch nie eine andere Entdeckung gemacht wurde, die für das Wohlergehen der Menschheit von so großer Bedeutung ist. Je mehr ich dieser Methode folgte, desto heilsamer und glücklicher wurde mein Leben. Es vermeidet die gegensätzlichen Übel von Askese und Maßlosigkeit und trägt mehr als *alles andere dazu bei*, die Ehe zu einer ewigen Liebesbeziehung zu machen. Ich bin seit fünfzehn Jahren Ehemann und spreche über Dinge, die ich weiß.

F.

# EIN BRIEF AN JH NOYES.

Diese Yankee-Nation behauptet, eine Nation von Erfindern zu sein, aber die Entdeckung der männlichen Kontinenz stellt Sie meiner Meinung nach an die Spitze aller Erfinder. Es gab keine höhere Krafterhaltung als diese Methode, und ich bin zuversichtlich, dass die Segnungen, die sich daraus ergeben, nicht mit denen gemessen werden können, die der Dampfmaschine und dem elektrischen Telegraphen gefolgt sind .

Mit freundlichen Grüßen, -- --

# EIN FREUND.

Eine Schulfreundin von mir, die in einer großen Industriestadt im Bundesstaat New York lebte und seit fünf Jahren verheiratet ist, hatte diese Methode der Empfängnisverhütung in den ersten Monaten ihrer Ehe erlernt. Sie strahlte vor Glück; Sie wünschten sich kein Kind, bis sie für die Zukunft vorgesorgt hatten. Der Ehemann arbeitete zehn Stunden in der Elektrofabrik, danach spielte er in einem Konzert Kornett, das ihn jeden Abend bis nach Mitternacht beschäftigte. Solch lange Arbeitsstunden würden den Durchschnittsmenschen erschöpfen und erschöpfen, aber dieser Kerl war so strahlend und stark, wie man es sich vorstellen kann. Beide behaupteten, dass sie der Anwendung dieser Methode ihre Gesundheit, Kraft und ihr Glück verdankten.

# EINE GROSSMUTTER.

Eine Großmutter kam aus San Francisco, um bei der Geburt eines Enkelkindes zu helfen. War seit fünfunddreißig Jahren verheiratet, sah aber in Figur und Hautfarbe wie ein achtundzwanzigjähriges Mädchen aus. Ich war erstaunt über die Lebhaftigkeit, den Eifer und die freudige Gesundheit dieser Frau. Jeden Tag erhielt sie ein oder zwei Briefe von ihrem Mann, der in San Francisco geblieben war; und aus dem Teil, den sie mir vorlas, könnte man meinen, er sei ein leidenschaftlicher und verlassener Liebhaber von achtzehn Jahren. Sie behauptete, sie habe diese Methode immer praktiziert und kenne einige andere, die sie praktizierten , und fand, dass diese Methode allen anderen überlegen sei. Sie war die schönste, sexuell lebendigste Frau, die ich je gekannt habe, und die bescheidenste. „Wahre Bescheidenheit ist ein Gefühl, das nicht aus Gleichgültigkeit oder Abneigung gegenüber sexuellen Handlungen entspringt, sondern aus einer feinfühligen und ehrfürchtigen Wertschätzung ihres Wertes."

Duée , Paris, erhältlich .

Pessaire ordinaire.

Preis: 1 fr.

Pessaire Mensinga .

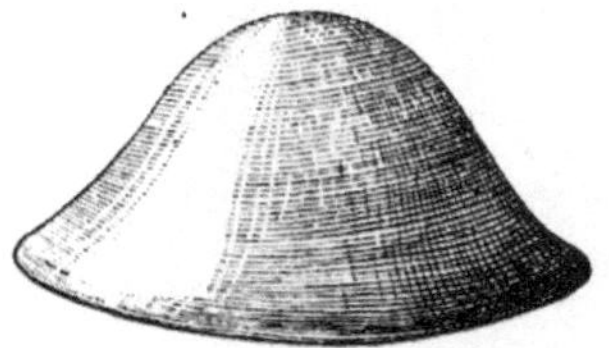

Preis: 1 fr. 25. Jh.

Pessaire Matrisalus .

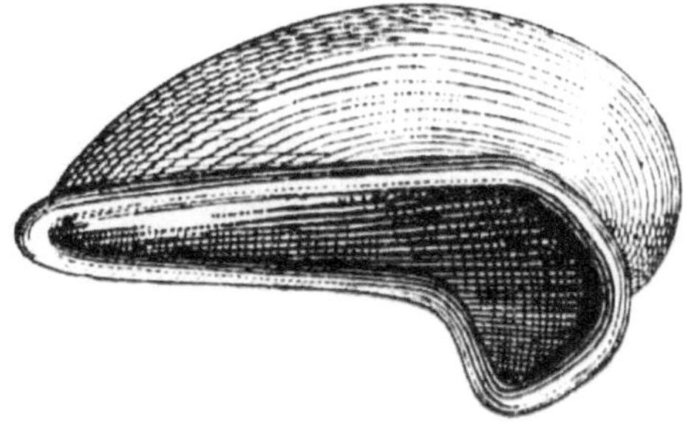

Preis: 2 fr. 50 c.

Seringue Pneumatique.

Preis: Ordinaire, 1 Fr. 50 c.

Vaginaldilatator von Kroning .

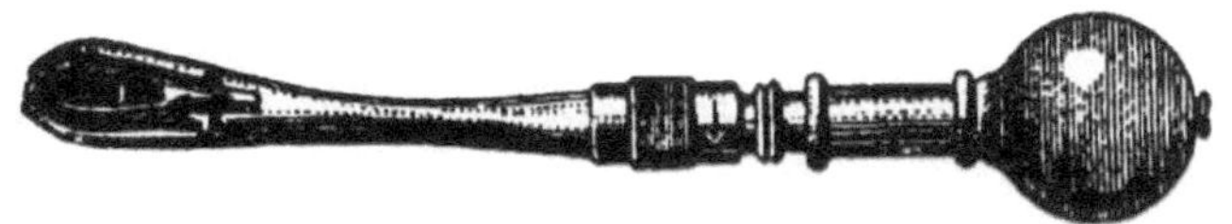

Appareil ferme vor der Einführung.

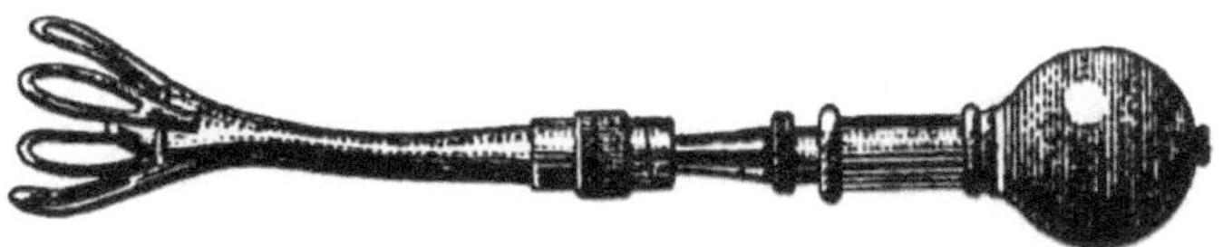

Wird nach der Einführung angezeigt.

Bewässerer mit rotierendem Strahl „Marvel".

Preis: L'appareil complet, en boite, 18 fr.

Douche interne Dumez.

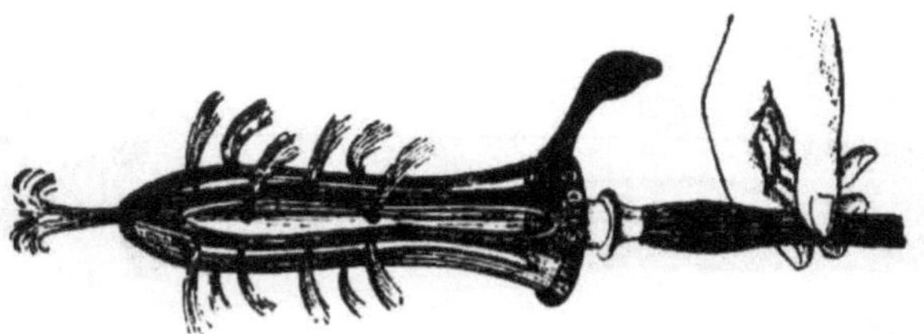

Preis: Komplett, en boite, 2 fr. 75 c.

BROSCHÜREN.

(1 Fr. = 20 Cent; 10 C. = 2 Cent. Porto ist extra.)

**Essai sur la vasektomie** ( Sterilization *de l'homme* ), von G. HARDY.— 0 fr. 10 Jh.

**Le mal de vivre** , par Marie HUOT.— 0 fr . 10 Jh.

libre **et la libre maternite** , von JEAN MARESTAN.— 0 fr. 10 Jh.

**La societe mourante et le neo-malthusisme** , par FERNAND KOLNEY.— 0 fr. 10 Jh.

**La greve des ventres** , von FERNAND KOLNEY.— 0 Fr. 10 Jh.

La **Chair a Canon** , von MANUEL DEVALDES.— 0 Fr. 15. Jh.

**Das Problem der Bevölkerung** , Ansprache von Mme. NELLY ROUSSEL und die letzte Konferenz von SEBASTIEN FAURE .— 0 Fr. 15. Jh.

**Le probleme sexual** , par VICTOR MERIC .— 0 fr. 15. Jh.

**Entre proletaires** , par DIXELLES.— 0 Fr. 15. Jh.

**Der Neo-Malthusismus ist moralisch?** — 0 Fr. 20. Jh.

**Defendons – nous!** *Pour le neo- malthusisme ; contre l' immoralite des moralistes.* — 0 Fr. 20. Jh.

**Neomalthusismus und Sozialismus** , von ALFRED NAQUET und G. HARDY.— 0 fr . 20. Jh.

**Die große Utopie** : *l'impuissance de la repopulation* , par EUGENE LERICOLAIS . – 0 fr. 25. Jh.

**Sozialismus und Bevölkerung** , von LEON MARINONT.— 0 Fr. 40 c.

**Socialisme et malthusisme** , von VICTOR ERNEST . – 0 fr. 60 c.

**Malthus und seine Schüler** , von G. HARDY . – 0 Fr. 50 c.

**La loi de Malthus** , von G. HARDY . – 0 fr. 75 c.

**Bevölkerung und Lebensunterhalt** , von G. GIROUD . – 1 Fr.

**Aux jugendliche Männer, aux junge Mädchen. Diese haben das** sexuelle Leben von VALENTIN GRANDJEAN **erlernt.**— 1 Fr.

**Wissenschaftlicher Wert des Malthusianismus** , von Dr. GOTTSCHALK . Deux-Broschüren (1re und 2e Partys). Ensemble, 1 fr. 50 c.

*POUR EVITER LA CONCEPTION.*

**Ayons peu d' enfans ! Pourquoi? Kommentar?** von EMILE CHAPELIER .—0 Fr. 20. Jh.

**Moyens d' eviter les grandes familles** , par les docteurs J. RUTGERS et F. MASCAUX .— 0 fr. 30 Jh.

**Generation consciente** , par Franck SUTOR.— 0 fr . 75 c.

VOLUMEN.

**Moyens d' eviter la grossesse** , von G. HARDY.— 1 Fr. 25. Jh.
**L' education sexuelle** , par JEAN MARESTAN.— 2 fr . 50 c.
**Peu d'enfants. Pourquoi? Kommentar?** par EUGENE LERICOLAIS .-3 fr.
**Das Breviaire de la Femme enceinte.** — 4 fr.
**La pauvrete** , sa seule Cause, son seule Abhilfe , par le Dr. GEORGE DRYSDALE .— 1 fr.
**La procreation volontaire** , par le Dr. KLOTZ- FOREST . – 2 fr.
**Elemente der sozialen Wissenschaft** , von Dr. G. DRYSDALE . – 3 fr.
**L'initiation sexuelle** , von G. BESSEDE.— 3 fr .
**La vie sexuelle et ses lois** , par le Dr. ANTON NYSTROM.— 6 Fr.
**Hygienebegriffe _ feminin Populär: l'Adolescente** , von Dr. RENE MARTIAL. —2 fr.
**La fonction sexuelle** , par le Dr. Sicard DE PLAUZOLES.— 6 Fr.
**La generation humaine** , par le Dr. G.-J. WITKOWSKI .— 8 fr.
**La question sexuelle** , von AUGUSTE FOREL.— 10 fr .
**De l'avorement. Ist das ein Verbrechen?** par le Dr. KLOTZ-FOREST .-3 fr. 50 c.
**De l'amour physique** , von CAMILLE MAUCLAIR . – 3 Fr.
**La physique de l'amour** , par Remy DE GOURMONT.— 3 Fr.

Generation Consciente.

Organe de Propaganda pour la limitation volontaire des naissances. Neo-Malthusismus . Eugenismus .

EUGENE HUMBERT , Regisseur.

VERWALTUNG : 27 rue de la Duée , Paris (XX.).